W0364212

Das Handbuch für SuperFÜHLkrafthelden

Henry und Johanna öffnen ihre Trickkiste

ein Handbuch für hochsensible Kinder

von Petra Neumann

im Auftrag von Henry und Johanna

Für „Henry“, „Johanna“ und deren „Paps“,
sowie alle großen und kleinen
Superfühlkrafthelden da draußen!

Das Handbuch für SuperFÜHLkrafthelden
Autorin: Petra Neumann
Illustrationen: Marion Haigis, L. & L. Neumann
Einbanddesign: THS Media, Thomas Schmidt
Veröffentlicht durch: AMH Natürlich Leben Verlag
3. Auflage, 2020

ISBN: 978-3-9816571-3-5

Vorwort an die Helden

Liebe Superfühlkraftheldin, lieber Superfühlkraftheld!

Ich freue mich, dass du dieses Büchlein in den Händen hältst. Denn es ist sehr wertvoll. Vielleicht hast du durch das Buch „Henry mit den Superkräften“ von deiner ganz besonderen Veranlagung erfahren, vielleicht war es dir auch schon vorher klar. Doch wie dem auch sei: Du hast ganz offensichtlich eine große Stärke. Ist das nicht wunderbar?

Henry und Johanna haben die Superfühlkraft. Das ist eine tolle Sache, denn es ermöglicht ihnen, andere zu verstehen, zu erkennen, wie es ihnen geht. Sie begreifen oft, wo Hilfe gebraucht wird, wo es gerade brenzlig wird und wenn sie sich über etwas freuen, dann ist dieses Kribbeln und Flattern im Bauch superdupermegastark.

Geht es dir auch so? Oder wenn sie eine Geschichte hören, sei es ein Märchen oder die Erzählung ihres Gegenübers, dann können sie es sich so gut vorstellen, dass es beinahe wie ein eigenes Kino im Kopf ist. Es gibt natürlich auch unterschiedliche Stärken unter den Superfühlkraftlern.

Die Einen können super gut riechen, manche prima hören, die Einen sind gerne laut und unter Leuten, die anderen mögen's eher ruhig und genießen das Alleinsein. So unterschiedlich alle Menschen auf dieser Welt sind, so unterschiedlich können auch sie sein.

Manchmal gefällt es Henry und seiner kleinen Schwester Johanna nicht, diese Superfühlkraft zu haben. Da es so ist, dass sie mehr spüren, als die anderen Kinder, machen sie sich auch öfters mal Sorgen, haben viele Gedanken im Kopf, sodass es ihnen schwerer fällt, einzuschlafen oder sie trauen sich nicht, etwas zu tun, was sie reizen würde und bereuen es danach. Ebenso ist der „Film“, den sie im Kopf in ihrem „Kino“ sehen nicht immer ein schöner. Und nicht selten fühlen sie sich einfach müde oder wuselig, weil es im Kopf und im Bauch so viele Eindrücke zu sortieren gibt.

Damit dies alles nicht mehr so stört und die Kraft auch benutzt und genossen werden kann, haben die beiden die

Köpfe zusammengesteckt, beraten und sich entschieden, dieses Handbuch für dich zu schreiben. Darum ist es auch so wertvoll.

Selbstverständlich hast du sicherlich auch schon eigene Tipps und Tricks, wie du auf dem für dich besten Weg durch Ereignisse kommst. Schreibe sie ruhig mit hier hinein.

Dies ist jetzt DEIN Handbuch: Hineinmalen, Notizen hinzufügen, unters Kopfkissen stecken oder mit zur Oma nehmen – alles ausdrücklich erlaubt. Nur in die Badewanne würde ich es nicht mit rein nehmen. Wäre schade drum, denn das Büchlein hat keine Superschwimmkraft.

Dieses Handbuch wurde für dich geschrieben.

Doch, wie so oft im Leben, gibt es auch hier drin wieder Erwachsenen-Worte. Natürlich darfst auch du sie lesen, doch du musst es nicht. Jedes Kapital endet mit einer

Extra-Abteilung für deine Eltern. Manchmal ist dieser Teil dann sogar länger, als der, der an dich gerichtet ist.

Aber es ist nun mal so, dass Erwachsene gelegentlich einfach mehr Erklärungen brauchen, als die jüngeren Heldinnen und Helden.

Ich wünsche dir ganz viel Spaß beim Lesen und Ausprobieren!

Deine

Petra Neumann
(im Auftrag von Henry und Johanna)

Vorwort an die Eltern der Superfühlkrafthelden

Liebe Eltern!

Herzlichen Glückwunsch!

Sie haben ein tolles Kind. Oder sogar gleich mehrere? Jeder Mensch ist ein Individuum, das brauch ich Ihnen sicher nicht zu erklären. Und so verhält es sich auch mit den hochsensiblen Kindern.

Es gibt Listen, Tests, Erzählungen und es werden immer mehr. So großartig diese Entwicklung auch ist, so birgt sie doch die Gefahr des Kategorisierens. Nicht jedes Kind ist gleich. Nicht jedes ist in den gleichen Bereichen gleich sensibel. Und auch wenn es auf den Großteil zutrifft, so gibt es nicht nur introvertierte Superfühlkraftheldinnen und –helden.

Henry und Johanna verraten in diesem Büchlein einige Denkansätze, Tipps und Tricks, wie sie mit ihren speziellen Eigenschaften zurecht kommen. Betrachten Sie diese bitte als das, was sie sind: Anregungen. Seien Sie selbst kreativ. Denken Sie lösungsorientiert!

Greifen Sie die Ideen Ihres Kindes auf!

Hochsensible Kinder sind nicht krank, nicht bedauernswert und auch nicht unnormal. Und es tut ihnen auch nicht gut, nur auf dieses „hochsensibel-Sein" reduziert zu werden. Jedes einzelne ist ein Held auf seine Art. Und jeder Eigenschaft lässt sich auch etwas Gutes abgewinnen.

Alle Kapitel enden hier mit einem mehr oder weniger kurzen Teil für Sie, die Eltern. Doch gedacht wurde das Superfühlkraftbuch in erster Linie als eine Art Handbuch für Kinder. Bitte erlauben Sie das Hineinschreiben, -kleben, -kritzeln.

Es ist ein Rohdiamant, das erst durch das Zutun und Zueigenmachen durch den kindlichen Besitzer zu etwas richtig Wertvollem wird.

Das Superfühlkraftbuch baut etwas auf „Henry mit den Superkräften" (ISBN: 978-3-9816571-1-1) auf, jedoch ist es auch unabhängig davon gut zu verstehen.

Herzlichst

Petra Neumann

Inhaltsverzeichnis

Kapitel 1 – Wer bist du?

Eine komische Frage, findest du? Das kann gut sein. Aber, wir möchten nicht nur deinen Namen wissen. Wir möchten, dass du herausfindest, wer du wirklich bist. Denn das ist das aller-, aller-Wichtigste überhaupt. Damit du deine Superkraft voll benutzen kannst und vor allen Dingen auch weißt, was du brauchst um glücklich zu sein, solltest du wissen, wer du bist, was dir gut tut, und was dich schwächt.

Am besten funktioniert das mit einem Steckbrief.

Damit du siehst, was wir meinen, stellen wir uns dir nun vor. Danach bist du dran.

Name: Henry

Alter: 9

Superkräfte:

Superfühlkraft, Superturnkraft, Superkitzelkraft, Superpfannenkuchenbackkraft und noch viele mehr.

Das tut mir gut:

Wenn man mich nach der Schule erst mal eine halbe Stunde in Ruhe lässt, Rollerfahren mit meinem Freund Pit, Sofakuscheln mit Mama.

Wenn mir meine Lehrerin genug Zeit lässt, Worte zu finden, wenn sie mich etwas gefragt hat.

Sofaburgen bauen mit Opa, Sorgen in meine Sorgenkiste plaudern oder aufschreiben und Papa und Mama bei mir zu haben, wenn wir wohin gehen, wo alles neu ist für mich.

Das schwächt mich:

Lärm, Hektik, wenn ich viele Dinge gleichzeitig machen soll und ich dabei womöglich noch beobachtet werde.

Wenn sich die Pläne plötzlich ändern und ich gar nicht weiß, was auf mich zukommt.

Wenn ich nicht verstanden werde.

Wenn ich spüre, dass es jemandem schlecht geht.

Name: Johanna

Alter: 7

Superkräfte:

Superfühlkraft, Superlachkraft, Supertröstkraft, Superwitzemachkraft und noch viele mehr.

Das tut mir gut:

Spieltreffen mit meiner Freundin Lilly, Reiten gehen mit meiner Tante Sandy, Papa-Bärenkraft-Umarmungen, Kuscheltierarmee vor dem Bett neu zu sortieren, Loslass-Training, quietschbunte Bilder malen, heimliches nachtslen, heimliches nachts-Plaudern mit Henry und mein Lieblingsplüschtier Pferdi.

Das schwächt mich:

zu viele Kinder auf meiner Geburtstagsparty in meinem Zimmer, Streit,
wenn mich jemand auslacht,
wenn ich nicht verstanden werde,
Ungerechtigkeit.

So, nun bist du dran! Lass dir Zeit und du wirst sehen, dass dir eine Menge einfällt. Und wenn dir nicht viel einfällt, dann ist es auch in Ordnung. In diesem Büchlein gibt es kein „Muss“. Vielleicht fällt dir ja später noch etwas ein – dann blättere einfach wieder zurück. Und wenn der Platz nicht reicht, nimm ein Blatt Papier dazu.

Name:

____

Alter: ________

Superkräfte:

____

____

____

____

____

____

____

____

____

Das tut mir gut:

Das schwächt mich:

Wenn du möchtest, kannst du hier nun auch ein Bild von dir einkleben. Oder malen?

An die Eltern:

Liebe Eltern! Dieses erste Kapitel soll Ihrem Schützling helfen, sich zu sortieren. Die hochsensiblen Helden denken oft viel über sich nach. Nicht selten drehen sich dann die Gedanken im Kreis und fokussieren sich auf das vermeintliche „anders“ sein. Es kann daher hilfreich sein, Ordnung ins Chaos zu bringen und zu schauen, worauf es wirklich ankommt. Ob anders oder nicht: Wichtig ist nur das eigene Selbst und das Wissen um die Stärken, Talente und Kraftquellen. Auch das Benennen der schwächenden Faktoren ist hilfreich für die Selbsteinschätzung. Und natürlich für die Lösungssuche – was ja im Grunde Ziel dieses Handbuches ist. Kapitel 1 ist jedoch auch eine Momentaufnahme. Denn Superkräfte wachsen, es werden mehr und es werden andere. Ebenso verändern sich die Kraftquellen und Energie-Räuber. Daher wäre es eine Idee, die Fragen, bzw. Steckbriefpunkte immer mal wieder neu zu benennen und zu erfassen.

Kapitel 2 – Du bist wichtig!

Das weißt du schon? Hey, das ist ja toll. Du weißt es noch nicht? Dann erkläre ich, Johanna, es dir:

Bestimmt hat man dir beigebracht, dass es wichtig ist, nett zu sein. Vielleicht wurde es nicht direkt gesagt, doch du spürst, dass du freundlich sein sollst, um andere Menschen nicht traurig zu machen.

Ich weiß zum Beispiel, dass meine Uroma total geknickt wäre, wenn ich nicht begeistert „Dankeschön“ sage, wenn sie mir wieder mal Strumpfhosen mitbringt. Das ist auch in Ordnung so, denn wir wollen ja tatsächlich niemanden kränken und für schlechte Stimmung sorgen. Außerdem möchten auch wir lieb behandelt werden.

Also stimmt diese Regel. >> **Stopp!** << Nun kommt der wichtige Teil: Diese Regel stimmt nur so lange, wie es dir dabei gut geht. Denn **DU BIST WICHTIG**. Sicherlich tut es dir nicht weh, dich lieb zu bedanken, bei der Uroma. Aber es gibt vielleicht auch Momente, in denen du meinst, dass du nun etwas tun solltest um es dem Gegenüber recht zu machen, obwohl es sich für dich doof anfühlt.

Dann tu es nicht!

Denn du bist wichtig, und du darfst auf deine Gefühle hören. Ein Beispiel bei mir sind die Großtanten-Küsse beim Weihnachtsessen. Ich mag die nicht.

Also, die Großtante Claudia mag ich sehr wohl. Aber ich mag nicht, wenn sie mir Knutscher auf die Wange drückt. Das habe ich meinen Eltern gesagt.
Und sie erklärten mir: „Das musst du nicht, Johanna! Es ist dein Körper." Also bin ich freundlich und höflich zur Claudia, doch küssen lass ich mich nicht.

Oder, als meine Lehrerin fragte, ob ich beim Schulfest am Mikrofon die Aufführung ansagen möchte.

Ich wusste, dass sie denkt, ich würde mich darüber freuen, weil es doch eine Ehre ist. Aber ich spürte, dass das so überhaupt nicht mein Fall ist.

Dass mich das so nervös machen würde, dass ich nächtelang nicht schlafen können würde. Da mir aber auch klar ist, dass ich wichtig bin, traute ich mich, abzulehnen.

Aufgrund meiner Superfühlkraft, gelang mir dies so freundlich, dass die Lehrerin auch nicht enttäuscht war. Ich erklärte ihr, dass ich mich freue, dass sie mir das zutraut, doch mich würde das verrückt machen, vor Aufregung. Erst versuchte sie mich zu überreden, doch dann fand sie eine prima Lösung.

Ich durfte gemeinsam mit meiner Freundin Lilly auf die Bühne. Gemeinsam schafften wir das und waren superstolz.

Passiert dir das öfters, dass du es jemandem recht machen willst und dafür Dinge tust, die sich für dich doof anfühlen?

Dann versuche doch, das nächste Mal darüber nachzudenken, ob die Freude deines Gegenübers wirklich so unheimlich viel größer ist, als das Grummel-Gefühl in deinem Bauch.

Du bist wichtig! Und du bist toll. Du wirst gebraucht. Aber es bringt gar nix, wenn du dich opferst, um andere glücklich zu machen. Denn das macht dich schwächer und unglücklich.

Und was die Menschen brauchen, sind glückliche Superhelden, denn diese sind stark. Überlege dir, wo deine Grenzen sind.

Natürlich kann und muss man sie manchmal ein kleines bisschen austesten oder auch mal übertreten. Aber wenn es dir deine Kräfte raubt, dann solltest du vielleicht darüber nachdenken, ob du weißt, wie wichtig du bist.

Das Zauberwort, dass dir in diesen Situationen hilft, dich zu schützen lautet: „Nein.“

Es erfordert manchmal ganz schön viel Mut, „Nein“ zu sagen. Denn wer freut sich schon, wenn er es hören muss. Und bestimmt, möchtest du ja auch deine persönliche Tante Claudia nicht traurig machen.

Aber man kann auch auf ganz freundliche Art und Weise „Nein“ sagen. Und vielleicht gibt es ja auch eine Lösung, wie alle glücklich werden. So, wie es bei mir war, mit der Bühnen-Ansage. Auch die Tante Claudia weiß nun Bescheid.
Denn mit Hilfe meiner Eltern habe ich ihr erklärt, dass ich sie gerne hab – auch wenn ich keine Wangen-Knutscher leiden kann.

Du musst wissen, meine Eltern habe ich zu meinen Assistenten gemacht. Wie, das erfährst du im nächsten Kapitel.

Nein-sagen ist reine Übungssache. Folgende Aufgabe könnte dir dabei helfen, fit in dieser Disziplin zu werden:

Nimm dir ein Blatt Papier und einen Stift. Nun überlege dir alleine, oder mithilfe deiner Eltern oder deiner Freundin, deinem Freund, Situationen, in denen du Dinge gemacht hast, die sich für dich echt doof angefühlt haben.

Schreibe sie auf. Nun schaue dir diese Situationen an. War es das wert? Was wäre passiert, wenn du „Nein“ gesagt hättest?

Wahrscheinlich merkst du, dass gar nix schlimmes passiert wäre. Tante Claudia hätte wahrscheinlich kurz komisch geschaut. Doch wenn man ihr es dann erklärt hätte, hätte sie es sicher verstanden.

Ganz bestimmt gibt es auch Situationen, in denen man Dinge tun muss, die sich doof anfühlen. Die lassen sich nicht ganz vermeiden.

Ich gehe ja ganz gerne zum Zahnarzt. Doch ich weiß, dass es Kinder gibt, die es nicht gerne tun, weil es sich für sie doof anfühlt.

Nun, hier ist Köpfchen gefragt: Gehe ich nicht zum Zahnart, könnte ich später Zahnschmerzen haben und müsste dann hin, und es würde sich noch viel doofer anfühlen.

Deine Johanna

An die Eltern:

Liebe Eltern! Während es bei den meisten Kindern oft ein Erziehungsziel ist, höflich und zuvorkommend zu werden, so ist dies (häufig) bei hochsensiblen Kindern nicht nötig. Im Gegenteil. Durch das ausgeprägte Harmonie-Bedürfnis und die feinen Antennen, die den Nachwuchs schnell merken lassen, was das Gegenüber nun erwartet, laufen die Superfühlkrafthelden schneller Gefahr, ihr eigenes Wohlbefinden zu opfern. Wie für alle Kinder (und Menschen im Allgemeinen) ist es sehr wichtig, den eigenen Selbstwert zu kennen und zu schützen. Auch, wenn das Menschlein klein ist, darf es erwarten, dass die eigenen Grenzen respektiert werden.

Kapitel 3 – Hol dir Assistenten!

Hey, du! Hier schreibt Henry. Ich möchte dir jetzt etwas über Assistenten erzählen. Fast jeder Superheld hat einen. Und die, die keinen haben, haben einen Freund, der ihnen hilft.

Assistenten sind etwas tolles, denn gemeinsam ist man bekanntlich stärker, als alleine. Und keiner kann in allen Dingen des Lebens gleich stark sein, sodass man sich prima ergänzt. Meine wichtigsten Assistenten sind Mama, Papa und Johanna. Natürlich kann es auch ein bester Freund sein, doch das überlasse ich ganz dir!

Johanna zum Beispiel ist meine „unter-fremde-Kinder-geh-Assistentin". Früher, als sie noch zu klein war, ging ich nie in die Kinderbetreuung des örtlichen Möbelhauses.

Obwohl es so unheimlich spannend und spaßig aussah. Zum Glück wurde sie größer, und seitdem sie mit darf, lassen wir uns diese Chance nie entgehen.

Oder, als ich zum Schnupper-Breakdance-Tanzkurs sollte: Nicht ohne meine „unter-fremde-Kinder-geh-Assistentin".

Es war klar, dass es für sie nix sein würde, doch mir zuliebe kam sie mit, und der Einstieg fiel mir gleich tausend Mal leichter. Im Gegenzug dafür, bin ich für sie in Situationen da, in denen sie mich braucht.

Wenn sie nachts aufs Klo geht und dort eine Spinne sieht. Dann steh ich bereit! Dann bin ich ihr „Spinnenabwehr-Assistent".

Natürlich herrscht bei uns nicht immer eitel Sonnenschein. Doch wenn es hart auf hart kommt, dann halten wir zusammen.

Mein Mama-Papa-Assistenten-Team hat andere Aufgaben. Sie kennen mich am allerbesten und stehen mir zur Seite, wenn sie merken, dass ich selbst nicht weiter komme. Johanna hat dir doch vom „Nein!"-sagen erzählt.

Wenn es nun zu Situationen kommt, in denen mein „Nein!" nicht gehört oder akzeptiert wird, dann stärken sie mir den Rücken. Oder, wenn ich mich nicht traue, es selbst zu sagen.

Hierfür haben wir ein Code-Wort eingeführt. Welches? Verrate ich nicht. Du könntest dir auch eines mit deinen Eltern-Assistenten ausdenken. „Elefantenpups" ist vielleicht nicht die beste Wahl, doch ich nehme es jetzt als Beispiel:

Stell dir vor, dein Onkel Baltasar möchte dich überzeugen, mit deinem Cousin Olaf und ihm ins Fußballstadion zu gehen. Nun stell dir vor, dass dir das gar nicht gefällt, dass dir der Lärm, die Menschenmenge und die aufgeladene Stimmung dort Angst machen. Nachdem du nun auf ganz höfliche Art „Nein, danke Onkel Baltasar. Du musst wissen, ich bin gar kein Fußballfan, aber lieb, dass du gefragt hast!“ gesagt hast, hört er nicht auf, dich überreden zu wollen.

Wenn dich das nun belastet und du merkst, dass er nicht aufhören möchte, so gut er es meint, dann wäre dies ein klarer Fall für den Codeworteinsatz.

Ein deutliches „Elefantenpups!“ bringt nun deine Eltern-Assistenten ins Spiel.

Denn manchmal hören Erwachsene eher auf andere Erwachsene. Und deine Mama oder dein Papa können nun den Teil übernehmen, in dem sie Onkel Baltasar erklären, dass dir ganz andere Dinge viel eher liegen.

Sicherheitshalber betone ich jetzt aber noch mal: „Elefantenpups" würde ich nicht nehmen. Code-Zeichen wären auch eine Möglichkeit. Zum Beispiel das drei-malige Drücken der Hand. Doch Zeichen werden eher mal nicht bemerkt.

Dein Henry

An die Eltern:

Liebe Eltern! Ihr Superheld braucht Sie. Denn er oder sie ist ein Kind. Ermuntern Sie es stets, für sich einzustehen und die Komfort-Zone zu erweitern. Packen Sie es nicht in Watte. Doch stehen Sie parat. Je nach Alter und Reife, je nach Konstitution und Situation braucht es sie als Superfühlkraft-Assistenten. Im oben als Beispiel aufgeführten Szenario konnte Henry rückengestärkt zunächst selbst versuchen, die unangenehme Situation mit Onkel Baltasar zu klären. Doch dieser Versuch war ihm nur möglich, weil er wusste, dass er seine Assistenten hinzuziehen konnte, wenn er nicht weiterkommt. Erweitern Sie die Grenzen ganz individuell an Ihr Kind angepasst. So kann es im einen Jahr noch wichtig sein, dass Sie als Anwalt des Kindes vor der versammelten Verwandtschaft klar machen, dass es eben nicht, wie die anderen Cousins das Gedicht aufsagen soll, während es im nächsten Jahr schon selbst ablehnen kann – wohlwissend, dass Sie ihm zur Seite stehen.

Kapitel 4 – Zoooom! Was würdest du einem Freund raten?

Ich, Johanna, habe einen Foto-Apparat. Den habe ich zu Weihnachten bekommen. Hast du auch einen? Ich habe

mich riesig gefreut, denn es war ein richtiger Herzenswunsch. Die Kamera ist ziemlich modern, sie hat einen Zoom.

Weißt du, was das ist? Man spricht es „suuum" – ein lustiges Wort, nicht wahr?

Wenn man durch die Linse schaut, und auf den Zoom drückt, dann verändert sich das Bild.

Das, was ich dann sehe, entfernt sich oder rückt näher. Fotografiere ich beispielsweise den gedeckten Tisch, und zoome das Bild her, ist plötzlich nur noch die Butterdose zu sehen. Zoome ich heraus, dann erscheint der ganze Tisch, sogar mit den Stühlen drumrum.

Wenn du nun begriffen hast, wie das zoomen funktioniert, dann kann dir das gut helfen, wenn du in Situationen gerätst, die dich überfordern.

Wärst du auf einer Afrika-Safari, könnte das folgendermaßen aussehen: Du stehst plötzlich einem riesengroßen Löwen gegenüber. **Panik**! Du hast ihn direkt vor dir und siehst nur noch das große Maul mit den gefährlichen Zähnen.

Außer diesem bedrohlichen Anblick nimmst du nichts mehr war, die Situation erscheint hoffnungslos. Alle Superkräfte verschwinden, du fühlst dich gelähmt. Stopp!

Nun nimm deinen persönlichen Zoom zur Hilfe.

Drücke in deinem Bauch oder Kopf – je nachdem, wo das Chaos in dir ausgebrochen ist, auf „heraus-zoomen“.
Plötzlich siehst du nicht mehr nur das Löwenmaul.
Du siehst auch dich.

Und die Bäume um dich herum. Und, dass die Safari-Führer schon angerannt kommen. Und den Haufen Sand neben deinem Fuß. Schon viel besser, oder?

Und nun stell dir vor, dass das gar nicht du bist, sondern dein Freund.
Was würdest du ihm nun raten? Vielleicht, dass er zum Sand greifen, ihn dem Löwen ins Gesicht werfen soll, um dann blitzschnell auf den Baum zu klettern, wo er warten kann, bis die Safari-Leute da sind und den Löwen besiegen?

Tadaaa: Das ist das „Zoom-Prinzip".

Nun gehen die wenigsten Leute auf Afrika-Safari. Ich zumindest nicht. Und der Löwe wäre wohl schneller, als ich auf einen Baum klettern kann. Aber er eignete sich prima, um dir zu erklären, was es mit dem Zoom in dir auf sich hat.

Wenn dich Situationen überwältigen, dann fühlst du dich manchmal hilflos, weil du nur dieses eine große Problem wahrnimmst. Mit etwas Abstand jedoch (zooooooom) entdeckt man oft Lösungen, die weiterhelfen.

Sicher hast du schon mal gedacht: „Ist doch gar nicht so schlimm?!“ wenn dir dein Freund von seinem Problem erzählt hat.

Das liegt daran, dass er direkt vor dem „Löwenmaul“ steht, während du, mit deinem Abstand auch die Umgebung betrachten kannst. Erscheint dir nun eine Lage aussichtslos, dann überlege, was du raten würdest, wenn es um einen Freund ginge.

Außer, du stehst vor einem Löwen. Dann überlege nicht all zu lange. Dann ruf lieber so laut du kannst: Elefantenpups!!

Deine Johanna

An die Eltern:

Liebe Eltern! Sicher haben Sie erkannt, worauf ich mit diesem Kapitel hinaus möchte. Eine Änderung des Blickwinkels ist für Kinder wie auch für Erwachsene oft eine erstaunlich einfache Möglichkeit Situationen gefühlsmäßig zu erleichtern. Ist Angst, Wut oder Verzweiflung das beherrschende Gefühl in einer Situation, so prallen logische und sachliche Hilfestellungen erbarmungslos ab. Erst das Ändern der Perspektive schafft Raum für Lösungen. Außerdem eignet sich „Zoom" auch prima als „Code-Wort", wenn der geübte elterliche Blick schon vorhersieht, dass es brenzlig wird.

Kapitel 5 – Bremse das Gedankenkarussell

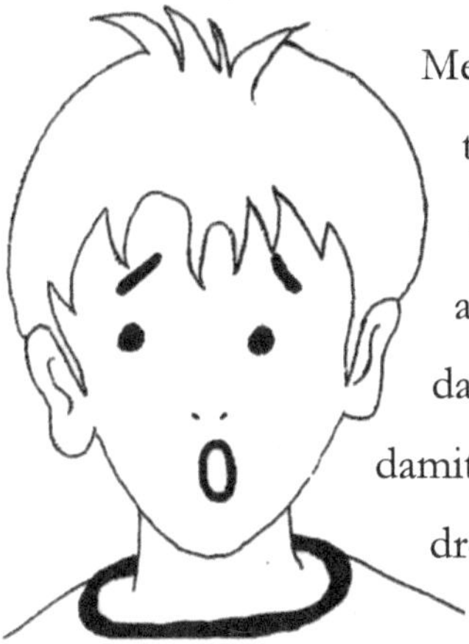

Meine Schwester Johanna und ich, wir teilen uns ein Zimmer. Mein Bett steht an der einen, Johannas Bett an der anderen Wand. Oft ist es so, dass sie vor mir einschläft. Sie hat damit kaum Probleme. Sie legt sich hin, dreht sich zur Seite und schlummert weg.

Zum Glück gelingt auch mir das mittlerweile öfter. Doch das war nicht immer so. Oft lag ich da, war total müde und konnte dennoch nicht einschlafen.

Kennst du das? Du kneifst die Augen zusammen und strengst dich fürchterlich an, doch der Schlaf will einfach nicht kommen. Dafür kommt etwas anderes: das Gedankenkarussell. Ein Gedanke jagt den nächsten und das geht dann immer so weiter.

Zum Beispiel denke ich an meine Freundin Dana, die in der Schule neben mir sitzt. Sie war heute komisch. Was hatte sie nur? Sie wird doch nicht sauer auf mich sein? Oder doch? Was könnte ich angestellt haben? Vielleicht ist sie mürrisch, weil ich sie im Sport beim Völkerball abgeworfen habe?

Puh, Sport war heute aber auch wirklich anstrengend. Denn wir haben einen neuen Sportlehrer. Der ist irre streng, der Herr Arnold.

Ob wir den auch nächstes Jahr haben? Hoffentlich nicht, denn da stehen die Bundesjugendspiele an. Und ich möchte doch so gerne eine Ehrenurkunde gewinnen. ….

Ich glaub, du weißt nun, was ich mit Gedankenkarussell meine? Geht's dir manchmal auch so?

Das Gedankengewusel im Kopf ist deshalb so heimtückisch, weil es sich nicht einfach wegDENKEN lässt.

Je mehr du das versuchst, desto hartnäckiger schwirrt es in dir herum.

Versuche mal folgendes, befolge diesen Auftrag: Stell dir jetzt **KEINE** rosarote Schildröte mit gelben Punkten auf dem Panzer vor! Na? Bloß an **KEINE** rosarote Schildröte mit gelben Punkten denken, in Ordnung?

Lass mich raten? Genau dieses merkwürdige Phantasie-Tier hast du jetzt im Kopf. Obwohl ich dich ausdrücklich gebeten haben, NICHT daran zu denken.

Genauso verhält es sich mit deinen Sorgen und Gedanken. Sie wegzuzwingen ist fast unmöglich.

Du brauchst es also gar nicht weiter zu versuchen. Wie dir das helfen soll? Nunja, das Gedankenkarussell kannst du nicht wegzaubern, aber du kannst deine Einstellung dazu ändern.

Betrachte es als „in Ordnung", dass dein Kopf nun an all die Ereignisse, Sorgen und Aufregungen denken möchte.

Sag zu dir selbst „Es ist okay, dass diese Gedanken jetzt da sind. Aber sie sind jetzt in diesem Moment nicht wichtig, ich werde mich morgen um sie kümmern.“

Wenn ich jetzt das Beispiel von oben nehme, so weiß ich heute, nachdem ich meine Einstellung geändert habe, dass es total normal für Menschen wie mich ist, gerade jetzt, wo ich zur Ruhe kommen soll an Dana zu denken.

Doch ich weiß auch, dass ich jetzt, in diesem Moment, gar nichts ändern kann, an ihrer schlechten Laune. Also hake ich den Gedanken ab und nehme mir vor, sie morgen zu fragen, ob sie sauer auf mich ist. Herr Arnold ist nicht gerade mein Wunschlehrer fürs nächste Jahr.

Aber JETZT im Moment kann ich nichts darüber herausfinden, also kann ich auch diesen Gedanken getrost auf morgen vertagen. Kurz gesagt: Wenn die Gedanken kommen, dann schau sie dir kurz an – und lasse sie dann weiterziehen.

Da Superfühlkraftheldinnen und Superfühlkrafthelden aber genügend Schlaf brauchen, um für den nächsten Tag auch wirklich fit zu sein, habe ich drei Tricks für dich, die dir helfen könnten, das Gedankenkarussell erst gar nicht in Fahrt kommen zu lassen.

Die Sorgenkiste

Ich liebe meine Sorgenkiste. Und dabei ist sie nur ein alter Schuhkarton. Mittlerweile jedoch sieht man ihr das nicht mehr an. Ich habe sie quietschbunt angemalt. Denn bunte Farben halten doch düstere Gedanken am allerbesten ab, findest du nicht?

Auf die getrocknete Farbe konnte ich dann Tieraufkleber anbringen. Das musst du nicht tun, du kannst auch welche selber malen, doch mir gefielen die Kleber total gut. Sicher kannst du dir denken, dass ich vor allem starke und fröhliche Tiere ausgewählt habe.

So prangt ein Löwe auf dem Deckel, ein lustiger Delphin direkt daneben und putzige Siebenschläfer an den Seiten.

Wenn ich nun merke, dass ich noch einige Sorgen weiterzuschieben habe, obwohl bald Schlafenszeit ist, dann versuche ich, diese zusammenzufassen. Du kannst sie auf ein Blatt Papier schreiben, aufmalen oder einfach in die Kiste hineinsprechen.

Wenn ich das erledigt habe, dann binde ich ein dickes Band herum, um alles darin einzuschließen. Wenn ich mich dann ins Bett lege, dann weiß ich, dass mir heute Nacht kein Problem mehr erscheinen muss, denn es ist sicher verstaut.

Am nächsten Morgen kann ich dann die Kiste wieder öffnen und hinein schauen. Meistens ist es so, dass die Dinge, die ich aufgeschrieben oder gemalt habe, mir dann gar nicht mehr wie Sorgen erscheinen.

In dem Fall können sie getrost im Müll landen. Lösen sie aber noch immer ein Grummeln oder ein doofes Gefühl in mir aus, dann habe ich jetzt den ganzen Tag Zeit, mich darum zu kümmern.

Das funktioniert so prima, dass ich nur noch ganz selten meine Kuscheltier-Armee brauche. Johanna liebt ihre jedoch und baut sie noch regelmäßig auf.

Die Kuscheltierarmee

Johannas Ein und Alles. Und dabei so einfach. Bestimmt hast auch du einige Kuscheltiere in deinem Zimmer? Meine Schwester hat ihre um ihr Bett herum drapiert.

Wenn sie dann mal nicht einschlafen kann – auch das kommt vor – dann stellt sie sich einfach vor, wie sie ihre Gedanken weiter reicht, an ihre Kuscheltierarmee.

Und wie die neuen Sorgen, die sich anschleichen wollen, erst gar nicht zu ihr durchkommen, da sie von ihren plüschigen Beschützern abgefangen werden.

Das Tagebuch

… ist auch eine Möglichkeit. Eigentlich ähnelt es der Sorgenkiste. Du brauchst einfach ein leeres (Schul-)Heft oder eben ein gekauftes Tagebuch. Viele halten das Tagebuchschreiben nicht so lange durch, weil sie denken, dass es doch recht anstrengend ist, jeden Tag, ALLES vom Tag einzutragen.

So mancher macht sich dann auch noch den Stress, sich krampfhaft alles, was erlebt wurde zu merken um es dann fitzelfatzelgenau aufzuschreiben, bis die Finger glühen.

Wenn das genau dein Ding ist: Super. Aber, du musst das nicht tun. Dein Tagebuch gehört dir ganz allein.
Wenn du nur die tollen Dinge eintragen möchtest? Tu es.
Nur die Sorgen? Prima, da kann es super hilfreich sein.
Du willst in deiner Wut eine Seite komplett verkritzeln?
Nur zu. Bilder einkleben? Na los!

Niemand wird es auf Fehler absuchen oder deine Schönschrift bewerten. Es gehört dir und nur du entscheidest ob jemand hineinschauen darf.

Nun kennst du meine drei Sorgen-Tricks für den Abend.

Kennst du noch mehr?

Hier kannst du dir notieren, welche Tiere, Bilder oder Farben sich für deine eigene Sorgenkiste oder Kuscheltierarmee eignen, das sie dir stark, fröhlich und bunt erscheinen:

Dein Henry

An die Eltern:

Liebe Eltern! Sicher ist auch Ihnen das oben beschriebene Phänomen nicht unbekannt. Und wenn Sie ganz ehrlich zu sich selbst sind, müssen Sie zugeben, dass auch das wohlgemeinte „Hör doch auf darüber nachzudenken!“ gar nicht zielführend sein kann. Vielmehr erleichternd wirkt das Annehmen und Ernstnehmen der kindlichen Gedankengänge. Nichtsdestotrotz ist die Nachtruhe gerade auch für die sensiblen Kinder absolut wichtig. Entschärfen Sie das krampfhafte Schlaf-suchen, indem Sie nicht (erfolglos) die Sorgen verdrängen, sondern lediglich entpriorisieren. Was das Basteln der Hilfsmittel betrifft, so sind der Kreativität keine Grenzen gesetzt.

Kapitel 6 - Energie-Tankstellen (Farben, Gerüche, Lieder, Orte) – auch zum Mitnehmen

Nachdem dir nun Henry verraten hat, wie es mit dem Einschlafen besser funktioniert, weihe ich, Johanna, dich jetzt in das Geheimnis der Energie-Tankstellen ein: Wie du ja hoffentlich weißt, bist du ein Superheld.

Es gibt ganz bestimmte Superkräfte, die du hast. Ist das nicht großartig? Nun ist es jedoch so, dass auch Superhelden nicht unbegrenzt Kraft haben. Wären sie Autos, würde man sagen, dass sie auch mal tanken müssen. Und das ist bei dir nicht anders.

Wenn du die Super-schnell-Rennkraft hast, dann brauchen deine Beinmuskeln Erholung, sonst werden sie zu hart, zu schlaff oder tun dir weh.

Wenn du die Super-Sehkraft hast, dann musst du dennoch manchmal blinzeln, wenn du nicht möchtest, dass die Augen brennen und du Kopfschmerzen bekommen kannst.

Bei der Superfühlkraft ist das nun auf den ersten Blick nicht ganz so einfach, die Sache mit dem Tanken. Denn das „Benzin“ ist für jeden Superfühlkraftler ein anderes. Hier ist es nun ganz dolle wichtig, dass du herausfindest, was genau dir gut tut und Kraft gibt.

Und dass du dir dann immer wieder auch die Zeit nimmst, dich darum zu kümmern, dass dein „Tank“ wieder befüllt wird. Dass du wieder auffüllen musst kannst du auf verschiedene Arten merken. Vielleicht wirst du ganz müde? Oder scheinbar grundlos schlecht gelaunt, wütend oder traurig?

Oder – und das ist ganz erstaunlich – dich kribbelt's dolle in den Beinen, sodass du gar nicht mehr still sitzen kannst?

Ich persönlich habe zum Beispiel ein Lieblingslied. Bei dem weiß ich genau, dass ich gute Laune bekomme, wenn ich es höre.

Für mich fühlt sich dann alles ein wenig leichter an, wenn ich gute Laune habe. Es hat mir schon oft geholfen, meinen Superfühlkraft-Tank aufzufüllen, wenn ich von der Schule kam und gestresst war.

Dann ging ich in mein Zimmer und nahm mir die 3 Minuten und 26 Sekunden, um mich bei meinem Lieblingslied zu entspannen.

Henry hat sogar eine Mitnehm-Energie-Tankstelle. Das ist der „Zuhause-Geruch".

Sicherlich ist es auch bei dir so, dass du einen „Zuhause-Geruch" hast. Meistens hängt er mit dem Waschmittel zusammen, manchmal auch mit dem Holzboden im Wohnzimmer, dem Shampoo von Papa, dem Muffelpuffmief vom Haushund oder auch mit dem Lieblingstee von Mama. Wir haben zuhause immer einen ganz eigenen Geruch von unserer Öl-Lampe. Mama füllt jeden Tag ein ätherisches Öl in das Schälchen darüber. Wir mögen das, denn so riecht es nach Zuhause.

Wenn Henry nun weiß, dass er den Tag über länger weg sein wird, oder aufregende Situationen, wie z. B. Klassenarbeiten, erste-Male-bei neuen Freunden oder ähnliches durchleben wird, dann träufelt Mama ihm zwei, drei Tröpfchen unseres „Zuhause-Duftes" auf sein Halstuch oder seinen Ärmel.

Das merkt kein Mensch, doch Henry kann jederzeit daran schnuppern und somit Zuhause-Energie tanken. Vielleicht hast du noch weitere Ideen, ein Stück von Daheim mit dir herumzutragen?

Ich kann mir gut vorstellen, dass du jetzt gleich: „Och nööööö!" denken wirst, wenn ich dir noch eine Energie-Tankstelle verrate. Denn auch ich denke, das manchmal. Doch lies bitte erst zu Ende, bevor du diese tolle Möglichkeit ablehnst.

Stell dir vor, es gibt einen Ort, an dem du zu neuen Kräften kommst. Ein Ort, an dem es viel leichter erscheint, die Gedanken in deinem Kopf und die Gefühle in deinem Bauch zu beherrschen.

Es kostet nix, dorthin zu kommen. Und er ist auch nicht weit weg. Man muss nix können, um hin zu dürfen.

Und du kannst dort gar nichts falsch machen – dein Tank wird auf alle Fälle befüllt. Klingt doch gut, oder?

Dann sag ich dir jetzt, wie er heißt, dieser Energie-Tankstellen-Super-Ort: **Draußen!** Am besten noch: **Natur!** Na, was meinst du? Bist du gerne draußen? Wenn ja: Klasse! Dann brauch ich dir auch nicht erklären, wie toll das ist. Du bist lieber drinnen?

Dann gib dieser Tankstelle doch bitte eine Chance. Wenn ihr einen Hund habt, dann begleite deine Eltern beim Gassi-Gehen. Wenn ihr keinen habt, dann lauf mit deinem Bruder spazieren.

Biete dich an, die Besorgung beim Bäcker am anderen Ende der Siedlung zu übernehmen. Oder spaziere einmal um den Häuserblock. Habt ihr eine Wiese in der Nähe? Oder einen Wald? Prima. Geh mit deiner Familie hin und schau dich um.

Denn hier hast du gleich ganz viele Energie-Tankstellen-Benzin-Sorten auf einmal: Grüne Farbe, die deine Augen zur Ruhe kommen lässt, frische Luft, die sowieso total gesund ist und Lärm. Jaaa, du hast richtig gelesen: Lärm.

Das wundert dich jetzt, stimmts? Aber hast du je versucht, in der Natur den Geräuschen zu lauschen?

Probiere es aus. Sei mucksmäuschenstill und versuche hinzuhören. Vogelzwitschern, Grillenzirpen, Blätterrascheln, ….

Du wirst erstaunt sein, wie viele verschiedene Geräusche du erkennen kannst. Und egal, wie wenig Lust du auf den Spaziergang im Grünen hattest, du wirst danach merken, dass du dich viel besser fühlst.

Im Grunde wirkt auch hier ein bisschen das „Zoom-Prinzip“. Denn mit dem Spaziergang, der Fahrradtour oder dem Schlendern durchs Dorf, wird das Alltagsbild, dass deine Kräfte verbraucht, kleiner gezoomt, und du erkennst noch viel mehr „Welt“ drumrum.

Bitte passe aber stets auf dich auf und sprich deine Ausflüge zum Krafttanken im Freien immer mit deinen Eltern ab.

Eine ganz supertolle Möglichkeit zum Betanken mit neuer Kraft ist das Loslass-Training. Das erklärt dir mein Bruder im nächsten Kapitel.

Welche „Tankstellen“ hast du? Was gibt dir Kraft und ein sicheres Gefühl? Oder hast du eine prima Idee, welche Kraftgeber du dir einrichten kannst?

Deine Johanna

An die Eltern:

Liebe Eltern! Schaffen Sie mit Ihrem Kind „Kraftquellen“. Das muss nicht zwangsläufig eine einstündige Mittagsschlafpause sein (die jedoch auch nicht zu verachten ist), sondern kann in Ritualen, Abläufen, Unterbrechungen und „Helferchen“ zu finden sein. Je früher bemerkt wird, dass die „Tankanzeige“ sich in Richtung „Reserve“ neigt, desto besser.

Kapitel 7 – Loslass-Training

Für dieses Training musst du dir einen Assistenten zulegen. Am besten Papa oder Mama. Das Loslass-Training ist keine Erfindung von uns, es gibt es schon lange. Die korrekte Bezeichnung dafür lautet (Achtung, Zungenbrecher:) „Progressive Muskelrelaxation nach Jacobsen". Und du musst mir recht geben, dass „Loslass-Training" besser klingt, nicht wahr?

Damit du verstehst, worum es sich hierbei handelt, möchte ich dir kurz ein wenig erklären, was es mit deinen Muskeln auf sich hat. Du hast in deinem Körper unheimlich viele davon. Der erste, an den du denkst, ist bestimmt dein Oberarmmuskel, denn das ist der, den man gerne herzeigt, wenn er gut trainiert ist. Auch an deinen Beinen kann man sicher die Muskeln gut sehen. Selbst der Po besteht zum Großteil daraus. Weißt du auch, welches einer der wichtigsten Muskeln überhaupt ist? Na, errätst du's? Dein Herz! Es pumpt kräftig, Tag und Nacht, 24 Stunden lang das Blut durch deinen Kör-

per – ohne Pause. Es gibt Muskeln, die du selbst steuern kannst (zum Beispiel an den Armen, Beinen, Händen, Schultern, Po) und wiederum welche, die ganz von alleine funktionieren, wie das gerade genannte Herz.
Die Muskeln, um die es heute hier geht, sind diejenigen, die du steuern kannst.

Nun balle bitte einmal deine Hand zur Faust. Das tust du ja mit deinen Muskeln, richtig? Wenn du die Faust nun nur gaaaanz locker hältst, dann ist das praktisch Stufe 0. Die Muskeln in deiner Hand sind entspannt. Je fester du jetzt die Faust ballst, desto höher wird die Stufe. Erst 1, dann 2, dann 3 usw bis du sie so fest drückst, dass sie beinahe zittert – und dies ist nun Stufe 10. Warum ich jetzt mit Stufen daher komme, fragst du sicher. Im Grunde sollen sie nur dazu dienen, dir zu erklären, wofür das Loslass-Training gut ist und wie es funktioniert.

Wenn du nun einen normalen oder auch stressigen Tag hinter dir hast, dann kann es vorkommen, dass du ganz verspannt bist. Du bekommst dann zum Beispiel Rücken- oder Schulterschmerzen, Kopfschmerzen oder ein Unwohlsein, weil der Körper zwickt und zwackt.

Das kommt daher, dass deine Muskeln viel gebraucht wurden und dabei vergessen haben, nach ihrer Arbeit wieder auf Stufe 0 hinunterzukommen. Sie wurden benutzt und sanken dann nur bis zur Stufe 6 oder 4 zurück.

Somit sind sie noch immer angespannt, auch wenn du das gar nicht bewusst tust. Mit dem Loslass-Training werden sie ganz einfach wieder auf Stufe 0 zurückgepfeffert, völlig schmerzfrei und leicht.

Auch, wenn du denkst, dass du körperlich gar nicht viel getan hast, nicht viele Muskeln im Einsatz hattest, werden diese benutzt. Selbst beim Sitzen und Lesen spannst du manchmal den Rücken an, verkrampfst die Schultern um den Kopf über den Tisch zu senken usw.

Nun möchte ich aber aufhören zu erklären, ich glaube, es ist das Beste, wenn du es nun einmal versuchst. Ich bin mir sicher, du fühlst dich danach prima!

Dein Henry

An die Eltern:

Liebe Eltern! Die Progressive Muskelentspannung ist für viele hochsensible Kinder eine ganz wunderbare Möglichkeit, zu entspannen. Während bei vielen Entspannungstechniken das Gedanken-Abschalten gefordert wird, ist dies hier nicht der Fall. Und das ist großartig, wo doch gerade die oftmals angestrebte Gedankenleere für ein Superfühlkraftheld so schwer erreichbar scheint.

Ganz kurz und oberflächlich erklärt handelt es sich bei der PMR (Progressive Muskelrelaxation) um das gezielte Anspannen verschiedener Muskelgruppen, um diese dann bewusst wieder aufzulösen und somit eine tiefe Entspannung zu erreichen. Das ist keine Hokuspokus Geschichte, sondern eine etablierte, von einigen Krankenkassen akzeptierte und zum Teil geförderte Entspannungsmaßnahme. Seien Sie völlig frei in Ihrer Kreativität – vielleicht sogar irgendwann gemeinsam mit ihrem Sprössling und betrachten Sie die Loslass-Training-Einheit, die gleich folgt nur als Beispiel für den Einstieg. Fürchten Sie sich nicht davor, Fehler zu machen. Das ist beinahe unmöglich. Legen wir los:

Sorgen Sie für eine störfreie Umgebung. Still und gemütlich, fernab des Telefons und anderer vermeidbarer Geräusche. Nun setzen Sie sich mit ihrem Kind oder ihren Kindern auf einen bequemen Stuhl. Hilfreich, falls ihr Kind die Augen nicht schließen möchte, wäre ein kleiner Blickfang, wie z. B. ein hübscher Stein auf dem Boden. Fahren Sie die Lautstärke, in der Sie sprechen nun ein wenig herunter, werden Sie ruhig, ohne sich oder Ihre Stimme zu verstellen. Machen Sie immer wieder Pausen, etwa, wenn es gilt, etwas zu „erspüren“. Wenn Sie unsicher sind, wie lange sie pausieren, dann orientieren Sie sich zunächst an drei langsamen Atemzügen. Es ist total individuell, wie lange ein Mensch braucht.

Beobachten Sie ihr Kind. Es hat sich bewährt, während der Leitung selbst die Übungen auch mitzumachen, bzw. erst vorzuführen. Davon profitieren sowohl ihr Kind, welches sich nun nicht beobachtet fühlt und Sie selbst, durch die angenehme Erfahrung der Muskelentspannung.

Beginnen Sie nun zum Beispiel mit folgendem Loslass-Training:

Wir setzen uns nun bequem und gerade auf unseren Stuhl. Und atmen dabei ruhig und gelassen. Wenn du möchtest, dann schließe deine Augen. Wenn nicht, dann ist es auch in Ordnung. Wir atmen nun ganz ruhig und tief und konzentrieren und jetzt auf unseren Körper. Spürst du deinen Körper?

Fühle nun in deinen Kopf. Atme ruhig weiter. Spürst du deinen Kopf?

Nun wandern wir weiter hinunter. Atme ein und aus. Spürst du deine Schultern und Arme? Wie fühlen sie sich an?

Wir hören Geräusche um uns herum und vielleicht schwirren auch Gedanken umher und das ist in Ordnung. Geräusche und Gedanken sind da, aber sie sind jetzt nicht wichtig. Wichtig sind nun nur wir.

Lass uns weiter wandern zu deinem Rücken. Spüre hinein. Merkst du, wie er sich mit deinem Atem bewegt? Unter deinem Rücken kommt dein Po. Fühle die Stellen, auf denen du sitzt.

Ganz ruhig und entspannt spürst du in dich hinein.

Fühlst du schon dein linkes Bein? Bis hin zum Fuß? Und dein rechtes?

Prima, nun haben wir alle Stellen unseres Körper schon erspürt. Nun wollen wir beginnen.

Strecke jetzt deine beiden Arme nach vorne aus. Balle die Hände zu Fäusten und wenn ich „Jetzt!" sage, dann drückst du die Fäuste so fest zusammen, dass es sich gerade noch gut anfühlt aber schon dolle anstrengt. Als würdest du versuchen, Zitronen auszupressen.
„Jetzt!"

Und nun halte diese Anspannung, atme weiter und spüre die Muskeln. 1, 2, 3, 4 und „Loslassen!" Das hast du prima gemacht. Wir wiederholen das Ganze:
„Jetzt!"
und halten, halten, halten und „Loslassen!". Wenn du jetzt hinein fühlst, was spürst du dann? Vielleicht fühlen sich deine Hände nun ganz warm an?

Die nächsten Muskeln sind die Arm-Muskeln. Wenn ich „Jetzt!" sage, dann winkelst du deine Arme an, wie ein Muskelmann, der zeigen will, was er hat und spannst beide Arme an, so doll du kannst, ohne dass es wehtut.
„Jetzt!"
Spanne deine Armmuskeln an, 1, 2, 3, 4 und „Loslassen!" – Lass die Arme hinunterplumpsen. Großartig. Atme ruhig und gleichmäßig weiter. Durch diese Übung wird das Blut prima durch die Arme fließen können. Wir wiederholen nun das Ganze:
„Jetzt!"
Wir halten die Arme fest angespannt, spüren unsere Muskeln und „Loslassen!". Prima.

Fühle hinein in deine Arme – spürst du den Unterschied?

Die Muskeln deiner Arme sind nun ganz entspannt und weich.

Atme ruhig und gelassen weiter. Deinen Händen und Armen geht es nun gut.

Die nächste Übung sieht lustig aus. Und das ist okay so, darum mach ich auch mit. Wenn ich „Jetzt!" sage, dann ziehen wir unsere Schultern so hoch es geht in Richtung der Ohren und reißen dabei unsere Augen auf, damit sich die Stirn runzelt.

„Jetzt!"
ziehen wir unsere Schultern bis unter die Ohren und schieben die Augenbrauen hinauf zu den Haaren, so fest wir können und halten diese Spannung, 1, 2, 3, 4
und
jetzt

„Lösen wir die Spannung!". Lass die Schultern hängen und auch die Augenbrauen. Tief ein und aus geht unser Atem.

Nun wiederholen wir diese Clowns-Übung:
„Jetzt!"
wieder: Hoch mit den Schultern und den Augenbrauen und halten, halten, halten, halten und „Lösen!".

Uff. Tat dir das gut?

Dann kommen nun der Po und die Beine dran. Wenn ich es sage, dann spannst du den Popo ganz fest an mitsamt den Beinen. Du wirst auf dem Stuhl gleich größer werden.
„Jetzt!"
spannen wir Po und Beine an, so fest wir können. Halten, halten, halten und „Loslassen!". Immer schön weiter atmen, auch bei Anstrengung. Spürst du den Stuhl unter deinem Hintern? Auch diese Übung wiederholen wir.

„Jetzt“

noch mal – anspannen, so fest du kannst, 1, 2, 3, 4 und „Entspannen!“. Es ist klasse, wie du das machst!

Nun bleiben noch die Füße. Für diese Übung stellst du dir am besten vor, dass du mit den Füßen Fäuste bilden möchtest.

„Jetzt“

rolle deine Zehen ein, als ob du Fäuste damit machen möchtest. Großartig! Halte, die Spannung, spüre die Muskeln und „Loslassen!“. Erstaunlich, wie viele Muskeln du in deinen Füßen hast. Atme ruhig weiter. Ein und aus. Und nun wiederholen wir die Fuß-Faust-Übung:

„Jetzt“

rolle die Zehen ein. 1, 2, 3, 4 und „Loslassen!“. Deine Fußmuskeln sind nun entspannt und wohlig.

Nun fühlen wir uns nocheinmal ganz durch unseren Körper. Merken wir einen Unterschied? Vielleicht schließt du deine Augen.

Fühle mal in deinen Kopf.... Deine Schultern... Deinen Rücken... Deine Arme und Hände... Deinen Po...

Die Beine und Zehen... Spürst du etwas? Wärme? Wie fühlt es sich an.

(Werden Sie nun mit der Stimme wieder etwas lauter und klarer).

Nun sind wir am Ende des Loslass-Trainings angelangt. Öffne langsam deine Augen und beginne, dich ein wenig auszuschütteln. Strecke dich, schüttele dich. Du bist nun fit und entspannt. Stampfe ruhig etwas mit den Beinen oder hüpfe um deinen Stuhl. Du hast das ganz großartig gemacht!

Dieses Beispiel war nun ein Rundum-Schlag. Letztlich geht es nur um das Prinzip: Starke Anspannung herbeiführen und dann abrupt lösen. Es ist jederzeit möglich gezielt einzelne Muskeln herzunehmen, andere wegzulassen oder zwischendurch, während der Hausaufgaben bei schmerzenden Schultern eben nur diese kurz anzuspannen und wieder zu lösen.

Dieses Beispiel soll nur ein kleiner Exkurs sein, es gibt zahllose Phantasie-Reisen und PMR-Beispiele in Büchern und im Internet. Probieren Sie es aus, es tut gut.

Kapitel 8 – Affirmationen – Zaubersätze

Nun wird es magisch! Ich, Johanna, erkläre dir nun, dass du ein bisschen zaubern kannst. Mithilfe deiner Gedanken. Das glaubst du nicht? Dann versuche einfach folgendes: Nimm einen ganz normalen Stift, Radiergummi oder auch Schlüssel und binde ihn an ein Band. Du kannst auch eine Halskette nehmen, ganz egal, Hauptsache das, was du nun in der Hand hältst kann frei hin und her pendeln.

Nun halte das Pendel still in der Luft. Deine Hand hältst du ganz still. Stelle dir nun ganz fest vor, wie der Gegenstand an der Schnur vor und zurück pendelt. Nur vorstellen, nicht die Hand bewegen.

Naaa, staunst du schon? Genau, dein Pendel bewegt sich nun langsam und allmählich genau in die Richtung, die du dir ausgedacht hast, ohne dass du dies bewusst mit der Hand steuerst. Was das nun bedeutet? Ganz einfach: Deine Gedanken wurden zur Wirklichkeit!

Das Geniale an der Sache ist: Diese Tatsache kannst du viel besser nutzen, als Radiergummies oder Schlüsselbänder zum Schwingen zu bringen.

Und somit habe ich nun eine gute und eine schlechte Nachricht für dich. Zuerst die Schlechte: Hausaufgaben, und Zimmer-aufräum-Aufträge lassen sich damit leider nicht wegdenkzaubern. Ich hab's versucht – zwecklos. Auch das Herbeidenken von Schokoladeneis ist gescheitert.

Die gute Nachricht aber ist: Du kannst dir deine Tage damit verschönern. Ganz für dich passend kannst du dir Gedanken, bzw. Sätze schaffen, die dir weiterhelfen. Zu Beginn ist das vielleicht ein wenig eigenartig, doch ganz schnell wird das normal, wenn du es immer wieder tust.

Wenn unsere Mama den Henry und mich morgens weckt, haben wir immer das folgende Ritual: Wir setzen uns auf, strecken uns und sagen: Ich bin groß (und strecken uns dabei ganz lang), ich bin stark (spannen dabei unsere Armmukkis an) und gesund (dabei trommeln wir uns wie Gorillas auf die Brust). Ich kann mir gut vorstellen, dass du nun lachst – und ja – es sieht auch tatsächlich witzig aus. Doch du gibst mir sicher recht, wenn ich sage, dass dies ein gelungener Start in den Tag ist. Starke, gesunde, lachende Gorillas sind doch etwas Tolles!

Die Gorilla-Zauberei machen wir jeden Tag. Doch ich habe auch meine Affirmationen, wie sie die Erwachsenen nennen, oder eben Zaubersätze, wie ich sie nenne für spezielle Momente.

Wenn ich zum Beispiel ganz aufgeregt bin, weil ich eine Mathearbeit schreibe, dann sage ich mir in meinem Kopf selbst immer wieder: „Ich bin gut vorbereitet. Alles, was ich brauche, habe ich in meinem Kopf. Ich schaff das.“ Das klappt super, denn auch wenn die Aufregung nicht ganz verschwindet, so wird sie doch schwächer.

Nun stell dir doch mal vor, was passiert, wenn ich mir die ganze Zeit denken würde:
„Das schaff ich nie. Ich werde alles vergessen. Dieser Tag wird total doof!“.

Das wäre ja eine Katastrophe, nicht wahr?

Ich verrate dir nun einige unserer Zaubersätze:

Ich bin mutig!

Ich bin liebenswert!

Ich bin ein Glückskind!

Ich schaffe das!

Ich bin in Sicherheit!

Ich bin in Ordnung!

Heute ist ein guter Tag!

Ich bin eine klasse Freundin!

Ich bin stark!

Ich werde geliebt!

Meine Eltern sind stolz auf mich.

Wie schon gesagt – du kannst dir deine ganz eigenen Sätze bauen. Am besten funktionieren sie, wenn sie mit dem Wort „Ich" beginnen.

Wenn du nun zum Beispiel aufgeregt bist, weil du zum ersten Mal alleine mit der Stadtbahn fahren sollst, dann könnte ein Zaubersatz vielleicht so aussehen:

„Ich schaffe das. Ich bin diese Strecke mit meiner Familie schon oft gefahren, ich kann das nun alleine. Ich bin in Sicherheit und werde wissen, wann ich aussteigen muss."

Fallen dir Situationen ein, in denen du merkst, dass deine Gedanken ungut werden und dich somit schwächen?

Sätze wie: „Das schaff ich nie! Das werde ich nicht verstehen! Das kann ja nur schiefgehen! Ich bin doch viel zu klein/schwach/doof für blablablubb!" sind überhaupt nicht gut.
Denn wenn Gedanken wahr werden können, ist es doch Quatsch, den schwächenden Gedanken Platz zu geben.

Es dauert vielleicht ein wenig, doch wenn du es übst, wirst du von ganz alleine immer mehr schöne, stärkende Gedanken in deinem Kopf zulassen und glaub mir: Das macht Spaß!

Deine Johanna

Hast du Sätze, die du immer wieder denkst, von denen du nun weißt, dass sie dich schwächen? Wie könntest du sie „umbauen“?

An die Eltern:

Wenn unsere (hochsensiblen) Kinder eines ganz besonders gut können, dann ist es das Grübeln. Diese Seite an ihnen ist wunderbar, sind sie doch dadurch meistens Menschen, die wohlüberlegt handeln und uns immer wieder aufs Neue mit der Tiefe Ihrer Gedankengänge verblüffen. Liegt es da nicht nahe, diese Nachdenk-Tendenz für die Kinder zu nutzen? Ganz im Besonderen dann, wenn die Superfühlkrafthelden Gefahr laufen, sich in negative Stimmungen (Was aber wenn….) zu bringen. Affirmationen sind hier ein großartiges Instrument. Es ist reine Übungssache, doch erst einmal einstudiert, können die positiv formulierten Mantras in jeder Lebenslage eine schöne Hilfe sein. Sollten Sie hier skeptisch sein, so versuchen Sie es erst einmal für sich selbst. Verstärken können Sie den Effekt für Ihren Schützling, indem Sie ihn in seinem Zaubersatz bestärken. Einem Kind, dem oft gesagt wird, dass Mama und Papa stolz auf es sind, fällt es viel leichter, eben jenen Zaubersatz für die eigene Stärkung anzuwenden.

Kapitel 9 – Unbegründete Angst – oder „Kampf dem Ötzelpüff!“

Hast du schon mal vom Kopfkino gehört? Meine Schwester und ich haben eines. Ich glaube, jeder Mensch hat eines. Ein Kino im Kopf, in dem Filme laufen, die es in Wirklichkeit gar nicht gibt. Manchmal läuft ein witziger, sodass ich aus heiterem Himmel das Losprusten unterdrücken muss, nur weil ich mit gerade etwas irrsinnig Witziges vorstelle, das in dem Moment keiner verstehen würde.

Auch traurige Filme kommen vor. Wenn ich mitbekomme, dass irgendwo etwas Schlimmes passiert ist und ich dann mitfühle oder mir vorstelle, meiner Familie könnte so etwas zustoßen. Dann werde ich ganz düster, obwohl in Wirklichkeit kein Leid droht.

Was läuft für gewöhnlich in deinem Kopfkino?

Am fiesesten sind die Horrorfilme. Denn wenn du schon mal Angst hattest, und das denke ich, denn wer hatte noch nie Angst, dann weißt du, wie fies sich das anfühlt. Angst kann ein Kloß im Hals sein, ein Herzklopfen, ein Stein im Bauch, Gänsehaut oder ein kaltes Gefühl im Nacken.

Wie fühlt sich für dich Angst an? An welcher Stelle spürst du sie?

Wenn nun ein solch gruseliger Film in deinem Kopf läuft, dann kannst du dieses Angstgefühl besiegen. Den Fehler, den die meisten dabei machen, ist es, so zu tun, als ob dieses doofe Gefühl gar nicht da wäre. Denn es ist ja da, sonst würdest du es nicht spüren, nicht wahr?

Also ist der erste Schritt beim Angstbesiegen, zu akzeptieren, dass sie da ist. Vielleicht gelingt dir das besser, wenn du herausfindest, wo du sie spürst. Vielleicht aber auch, wenn du einfach für dich oder zu einem Assistentin aussprichst: Ich habe Angst.

Noch eine Möglichkeit ist es, der Angst einen Namen zu geben. Besonders witzig wird es, wenn du ihr einen Namen gibst, der total lachhaft klingt. Was hältst du von Schnörredunx? Plärremietz? Oder Ötzelpüff?

Genau, nennen wir dieses Gefühl einfach Ötzelpüff. Findest du nicht auch, dass es nun schon viel weniger mächtig wirkt?

Vom Kloß im Hals, den wir versuchen nicht anzuschauen zum bedauernswerten Ötzelpüff, das nun, da wir es uns auch anschauen, mitten im Rampenlicht steht.

Jetzt, wo du das Ötzelpüff genau anschauen kannst, kannst du es mit der Kraft deiner Schlauheit besiegen. Denn wir reden ja gerade über die Kopfkino-Furcht, eine Angst, die auftritt, obwohl du gerade gar nicht in Gefahr bist.

Wenn es eine Angst ist, die von einer wahren Gefahr ausgeht, würde ich dir nach wie vor zu „Zoom“ oder „Elefantenpups“ raten.

Ötzelpüff hingegen ist keine wahre Bedrohung. Ötzelpüff ist nur eine Schauspielerfigur in deinem Kopfkino.

Da du ja ein netter Mensch bist, haust du Ötzelpüff nicht direkt auf die Nase. Es könnte ja wieder aufstehen und dich weiter behelligen. Lass es doch seine Rolle erst mal zu Ende spielen.
Bedenke dabei stets, dass du ihm nur zuschaust. Es geht keine Gefahr von ihm aus.

Wenn du dich dennoch mulmig fühlst, nun, da du dich Ötzelpüff stellst, dann bitte unbedingt deine Mama, deinen Papa oder jemand anderen, der dir ein sicheres Gefühl gibt, mit ihm darüber zu sprechen und gemeinsam einen Blick darauf zu werfen.

Nun aber lass, ganz in Sicherheit neben deinen Eltern, den Film weiter spielen. Erzähle ganz genau die Geschichte, die dich so sehr beschäftigt. Ich weiß ja nun nicht, was darin vorkommt, da ich dein Kinoprogramm nicht kenne, doch ich bin mir ziemlich sicher, dass du es hinbekommst, die Szenen nun zu hinterfragen:

Stell dir bei den Ötzelpüff-Aktionen jedes Mal die Frage: Wie wahrscheinlich ist es, dass dies in Wirklichkeit geschieht? In den meisten Fällen ist es nämlich sehr unwahrscheinlich.

Je genauer ihr euch nun gemeinsam die Szenen anschaut, desto weniger furchteinflößender werden sie. Wenn du dir nicht sicher bist, frag Mama oder Papa.

Sie sind schon älter als du und können dir helfen zu enttarnen, wie unwahrscheinlich es ist, dass dir etwas geschieht, das in deinem Kopfkino so gruselig erscheint. Denn alle Ötzelpüffs haben eine Sache gemeinsam: Sie können besiegt werden, wenn man sie anschaut. Da werden sie plötzlich klein und schwach.

Mittlerweile habe ich sogar ein ganz genaues Bild vom Ötzelpüff. Wie sieht deines aus? Wie nennst du es? Wir haben dir hier eine ganze Seite reserviert für dein Bild vom Ötzelpüff, oder wie auch immer es bei dir heißen mag.

Dein Henry

Name: ___________________

An die Eltern:

Keine Angst verschwindet, indem man sie wegschiebt. Und egal wie abstrakt uns Erwachsenen die Furcht vor einer Sache erscheint, für das Kind ist sie real. Lassen Sie Ihren Helden/Ihre Heldin erzählen, was ihnen Angst macht. Je nach Alter lassen sich viele Sorgen durch Logik ausräumen. Und wenn sie das nicht können, dann entwickeln sie Notfall-Pläne mit Ihrem Sprössling. Sollte die Angst beispielsweise nicht logisch ausgeräumt werden können („Liebes, wir wohnen auf einem Berg, es kann hier gar kein Hochwasser entstehen!"), da die drohende Gefahr – egal wie unwahrscheinlich – tatsächlich eintreten kann, unternehmen Sie entsprechende Schutzmaßnahmen (Feuermelder im Kinderzimmer, Ersatz-Fahrpläne, falls die Bahn verpasst wird, Nachbarschafts-anlaufstellen, falls der Schlüssel vergessen wurde, ….). Nehmen Sie die Angst ernst und entkräften Sie sie gemeinsam. Wenn sie dies jetzt schon tun, wird ihr Kind sich auch später, bei ernstzunehmenden Schwierigkeiten an Sie wenden.

Kapitel 10 – Wut!

Nachdem dir Henry vom Ötzelpüff erzählt hat, melde ich mich nun mit einem anderen Gefühl zu Wort: Manchmal möchte ich alles kaputt hauen! Dann tobt es in mir. Schreien, hauen, gleichzeitig weinen und überhaupt – alles doof finden, das ist es, was ich dann möchte. Das ist dann mehr, als nur schlechte Laune. Das ist ein Gefühl, wie wenn ich platzen müsste. Einfach eine riesige Wut. Alles mögliche kann der Grund sein, manchmal kenne ich ihn selbst gar nicht.

Weißt du, durch deine Superfühlkraft spürst du leider nicht nur die schönen Dinge viel mehr. Auch Ungerechtigkeiten können dich wie Pfeile treffen. Manchmal bin ich sogar für jemand anderen wütend.

Kennst du das? Oder sogar auf mich selbst. Wenn ich es mir recht überlege, dann ist die Wut auf mich selbst eine der größten. Wenn ich nicht geschafft habe, was ich wollte.

Wut kann sich auch ansammeln. Viele kleine Dinge, Streit, Stress, Lärm, Leute, Gestank, manchmal der kleinste Hunger – alles an einem Tag: Ja, da kann es gut vorkommen, dass ich nach Hause komme und total zornig bin.

Oft war es so, dass es dort dann weiterging. Ich war frech zur Mama, die wurde sauer, ihre Muffigkeit übertrug sich auf meinen Bruder, der dann auch anfing mich zu nerven, bis ich ihn unterm Tisch gegen das Schienbein trat, Mama fürchterlich zu schimpfen begann und Henry und ich letztenendes heulend ins Kinderzimmer geschickt wurden.

Wenn die Wut kommt, dann wird man meistens ungerecht. Und Ungerechtigkeit ist nie gut, nicht wahr? Nun sind mein Bruder und ich alle beide Superfühlkrafthelden und wenn man es genau nimmt, meine Eltern auch.

Du kannst dir sicher vorstellen, dass das manchmal nicht schön war, am Mittagstisch. Da saßen wir, hatten uns im Grunde alle ganz doll lieb und waren trotzdem pampig oder laut zueinander. Schnell wurde klar, dass wir das so nicht wollen. Also erstellten wir uns Wut Regeln. Welche das sind, fragst du? Gleich werde ich sie dir verraten. Aber erst erzähle ich dir mal ein paar Dinge über das Gefühl „Wut“ an sich:

Wut ist ein Gefühl. Und Gefühle sind in Ordnung. Also ist es total in Ordnung, wütend zu sein. Du kannst nicht einmal etwas dafür, denn Gefühle kann man nicht steuern. Und sie sind auch nicht eingebildet – du hast Stoffe in deinem Körper, die tatsächlich dafür sorgen, dass du dieses und jenes spürst.

Meistens entsteht das Gefühl „Wut“ dann, wenn wir meinen, keine Wahl zu haben. Aus einer Hilflosigkeit heraus. Wenn du zum Beispiel Ungerechtigkeiten erkennst und nichts dagegen tun kannst. Oder etwas tun musst, das du nicht tun möchtest.
Oder dir ein Gefühl, Geräusch, Geruch oder Ereignis zuviel wird, und du dich ihm nicht entziehen kannst. Manchmal reicht dann das nervige Kratzen des Pullover-Etiketts oder das flaue Gefühl im Bauch, dass ankündigt, dass gleich der Hunger kommt.

Dann kommt die Wut. Und die gibt dir dann die Kraft, dich zu wehren – deine Stimme wird lauter, die Sorge dich zu äußern wird kleiner. Siehst du – bis hier hin ist das ja eine richtig gute Sache.

Kompliziert wird's nur, wenn nun andere Leute dazu kommen. Oder du keine Möglichkeit hast, die Wut auch rauszulassen. Denn natürlich ist es in nicht in Ordnung, wenn du mit deiner Wut jemandem schadest – weder anderen Leuten, noch dir selbst. Aus diesem Grund gibt es bei uns Wutregeln, die ich dir verraten möchte:

1. Wer wütend ist, wird in Ruhe gelassen!

Wenn ich wütend bin, dann sag ich das meiner Familie. Und diese lässt mich dann in Ruhe, wenn ich das möchte. Kein Nachfragen, warum ich wütend bin, keine Aufforderung nicht mehr wütend zu sein.

2. Wer wütend ist, darf toben: Im Kinderzimmer!

Schreien, stampfen, knurren, beißen, Grimassen machen – all das ist erlaubt, weil es hilft, die Wut rauszulassen. Aber dafür gehe ich ins Kinderzimmer. Das ist keine Strafe, sondern schützt die anderen aus der Familie davor, dass meine Wut auf sie abfärbt.

3. Wer wütend ist, tut niemandem weh!

Mir nicht und auch niemand anderem. Das heißt: Ich schlage nicht auf harte Gegenstände (Autsch, das kann weh tun!) und schon gar nicht nach anderen Menschen. Selbst dann nicht, wenn diese Menschen mit daran schuld sind, dass ich wütend bin.

4. Schaden, den ich verursache, weil ich wütend bin, mach ich wieder gut.

Schmeiße ich zum Beispiel im Zorn meinen Schulranzen so sehr in die Ecke, dass die Wasserfarben zerbrechen, dann muss ich die neuen von meinem Taschengeld bezahlen.

Dies sind unsere vier Wutregeln. Sie sorgen dafür, dass wir uns nicht gegenseitig anstecken mit unserem Zorn.

Das ist ja schon mal prima, doch wirklich loswerden kann man dieses Vulkan-im-Bauch-Gefühl damit ja auch nicht. Was tust du dagegen? Henry und ich haben verschiedene Tipps für dich zusammengestellt:

Laufen.

Unsere Schule ist nicht sooo weit weg von unserem Haus. Wir haben gemerkt, dass wir ausgeglichener heimkommen, wenn uns Mama nicht abholt, sondern wir zu Fuß nach Hause gehen. Okay, manchmal wären wir lieber faul, denn der Berg, den wir zu bewältigen haben ist doch arg steil.

Aber es ist tatsächlich so, dass wir durch die Bewegung ganz viel „Zuviel-im-Kopf-Gedöns“ schon unterwegs verlieren. Die Beine sind dann müde, doch der Kopf und der Bauch fühlen sich freier.

Trampolin.

Wenn der Fußweg nicht gereicht hat, dann ist es klasse, wenn ich noch auf unser Trampolin kann. Hast du auch eines? Nein? Aber sicher ein Seil? Dann versuch es mit Seilspringen. Überhaupt macht jeder Art sich zu bewegen den Kopf freier.

Kissen-Hauen.

Wenn die Wut so stark ist, dass ich explodieren könnte, dann schnapp ich mir mein Kopfkissen. Ich verprügele es, zerknautsche es – ja, ich habe auch schon mal reingebissen, so wütend war ich. Das Schöne: Es verzeiht mir. Denn es tut ihm ja nicht weh, es ist ja nur ein Kissen.

Ausschimpfen.

Die Wut auf eine Person kann noch so riesig sein, es gibt einfach Momente, in denen man es diesem Menschen nicht sagen kann oder darf. Also nehme ich mir ein Blatt Papier und male ein Gesicht drauf. Das ist dann dieser Mensch, der mich so stinkig gemacht hat.

Und den schimpfe ich dann aus – nach allen Regeln der Kunst. Das tut gut! Und wenn das nicht reicht, dann schreibe ich noch einen Brief dazu.

Reden.

Ist die Explosionswut dann etwas weniger geworden, sprich: ich habe Dampf abgelassen, dann geh ich wieder zu meiner Familie. Und dann reden wir darüber. Woher kam meine Wut? Welche Situation hat sie verursacht? Wie könnte ich diese Dinge künftig so lösen, dass ich mich nicht mehr hilflos fühle? Reden funktioniert natürlich erst dann richtig gut, wenn ich mich etwas beruhigt habe.

Knuddeln.

Oh ja – das hilft sowieso meistens in jeder Lebenslage.

Du siehst, es gibt einige Möglichkeiten dieses Gefühl rauszulassen. Du weißt sicher noch mehr? Wichtig ist nur, dass du sie überhaupt raus lässt, die Zorneskraft. Wenn dabei keiner zu Schaden kommt, dann ist das auch total in Ordnung. Und rauslassen ist ganz wichtig – denn wer möchte schon gerne einen Vulkan im Bauch mitrumtragen.

Deine Johanna

An die Eltern:
Wut ist tatsächlich okay! Erlauben Sie Ihrem Kind auch dieses Gefühl. Haben Sie Nachsicht, wenn es tobt. Geben Sie ihm Raum zum Toben. Natürlich nicht völlig grenzenlos, doch im eigenen Zimmer sollte auch die Möglichkeit bestehen den „Dampf" abzulassen. Machen Sie sich bewusst, dass es nicht (immer) auf Sie gerichtet ist, dieses Gefühl. Bieten Sie ein Gespräch an, eine Umarmung und akzeptieren Sie, wenn dies für den Moment noch nicht möglich ist.
Unterschätzen Sie Fußwege nicht. Wer von der Schule mit dem Auto abgeholt wird, landet nur Minuten später am turbulenten Familienmittagstisch, bevor er wieder innert 3 Minuten zur Turnhalle chauffiert wird, um dort im Kreise von 20 tobenden Kindern Sportübungen zu absolvieren, bevor er wiederum in kürzester Zeit nach Hause gefahren wird um sich dort den Hausaufgaben zu widmen. Wenn es räumlich und zeitlich möglich ist, so ist ein Fußmarsch von Ziel zu Ziel eine wunderbare Möglichkeit sich zu erholen, den Kopf frei zu bekommen und sich „neu zu sortieren".

So, liebe Heldin, lieber Held! Nun sind wir auch schon am Ende unseres Büchleins angelangt. Das heißt aber noch lange nicht, dass auch du schon fertig bist damit.

Denn erst du machst es zu etwas ganz besonderem. Sicher hast du es nun schon eifrig ergänzt und verschönert. Klasse! Weiter so! Du wirst älter, geübter, erfahrener und wirst auch später immer weitere Ideen und Tricks finden und erfinden: Nur zu!

Und ach ja – bevor wir es vergessen! Wenn du möchtest, dann schreibe uns doch deine Ideen. Wir würden uns freuen!

Oder hast du Lust, uns ein Bild zu senden?

Bitte deine Eltern, dir zu helfen: info@high-sensitivity.de

Die allerherzlichsten Grüße

Henry & Johanna

Danksagungen

Hui, nun ist es tatsächlich soweit! Ich darf meine höchstpersönlichen Danksagungen verfassen. Davon hätte ich nie zu träumen gewagt.

Zuallerest gilt mein Dank natürlich meinen Kindern: Ihr habt mich zur stolzesten Mama gemacht und tut das täglich auf ein Neues. Durch euch habe ich gelernt, was die Superfühlkraft ist und dass es sich lohnt, sie anzunehmen und sie zu schätzen. Ihr seid großartig und unheimlich stark. Ich liebe euch von ganzem Herzen.

Außerdem möchte ich meinem Mann danken. Sascha! Danke dafür, dass du mich immer ermutigt hast, das „Henry-Projekt" zu realisieren. Dass du nie aufgehört hast an mich zu glauben und mich weitergeschubst hast, wenn ich aufgeben wollte. Ich liebe dich!

Selbstverständlich möchte ich nicht versäumen, auch einer ganz besonderen Superfühlkrafthelden-Oma meinen Dank auszusprechen: Marion Haigis hat Henry und

Johanna durch ihre liebevollen Zeichnungen erst ein Gesicht gegeben.

Und mein allerherzlichstes Dankeschön an alle Kinder, die „Henry“ gelesen haben, Schulvorträge darüber hielten, mir Bilder und Nachrichten sandten und ihn dadurch überhaupt wirklich zum Leben erweckten. Danke an die Mütter und Väter, die mir Rückmeldungen gaben und sich mir anvertrauten und die jeden Tag einen super Job verrichten: Die Helden von morgen großzuziehen.

Herzlichste Grüße

eine sehr gerührte

Petra Neumann

Kennen Sie auch:

Erhältlich im Buchhandel

unter der ISBN Nr. 978-3-9816571-1-1

Hier dein ganz persönlicher Superhelden-Ausweis

______________________ mit den Superkräften

Bild:

Auch bekannt als: ____________________

Alter: ____________________

Wohnort: ____________________

Superkräfte: ____________________

____

____

____

Unterschrift